Arte Românica e Bárbara

Arte na Idade Média

© 2013 do texto por Sueli Lemos e Edna Ande
Instituto Callis
Todos os direitos reservados.
1ª edição, 2013

TEXTO ADEQUADO ÀS REGRAS DO NOVO ACORDO ORTOGRÁFICO DA LÍNGUA PORTUGUESA

Coordenação editorial: Miriam Gabbai
Revisão: Aline T.K.M. e Ricardo N. Barreiros
Ilustração: Marco Antonio Godoy
Projeto gráfico e diagramação: Thiago Nieri
Crédito das imagens: Dreamstime (capa e pp. 11, 22, 26 e 30); DIOMEDIA/SuperStock RM (p. 8); Domínio público (pp. 12, 13, 14, 15, 16, 17 e 27); Arquivo pessoal (pp. 18, 23, 24 e 25) ; DIOMEDIA/Impact Photos (p. 28); DIOMEDIA/Mary Evans (p. 29); THE BRIDGEMAN ART LIBRARY / KEYSTONE BRASIL (p. 31).

CIP-BRASIL. CATALOGAÇÃO-NA-FONTE
SINDICATO NACIONAL DOS EDITORES DE LIVROS, RJ

LS79a

Lemos, Sueli
    Arte românica e bárbara / Sueli Lemos, Edna Ande ; ilustrações Marco Antonio Godoy. - 1. ed. -
São Paulo : Instituto Callis, 2013.
    32 p. : il. ; 25 cm.   (Arte na idade média ; 2)

    Inclui bibliografia
    Sumário
    ISBN 978-85-98750-82-8

    1. Arte - Idade Média - História. I. Ande, Edna. II. Título. III. Série.

13-02875   CDD: 709
                                                    CDU: 7(09)

10/07/2013   10/07/2013

ISBN 978-85-98750-82-8

Impresso no Brasil

2013
Distribuição exclusiva de Callis Editora Ltda.
Rua Oscar Freire, 379, 6º andar • 01426-001 • São Paulo • SP
Tel.: (11) 3068-5600 • Fax: (11) 3088-3133
www.callis.com.br • vendas@callis.com.br

Sueli Lemos e Edna Ande

Arte na Idade Média

ARTE ROMÂNICA E BÁRBARA

callis

Sumário

Apresentação 7

Introdução 9

O nascimento de um novo estilo de arte 10

   A arte dos povos bárbaros 10

      Os *Evangelhos de Lindisfarne* 13

      O *Livro de Kells* 13

   Arte carolíngia – a prosperidade da arte monástica 14

   Arte otoniana – uma arte solene e austera 17

   Arte românica – um diálogo com o invisível 18

Arquitetura 19

   Arquitetura românica – um encontro com Deus 19

      Características da igreja românica 19

      A planta da igreja românica 20

      O edifício da igreja românica 21

   Mosteiros – um mundo de recolhimento, religiosidade e trabalho ...22

   A arte de erguer castelos 23

      Guédelon, uma viagem no tempo 24

Algo a mais – Pisa e a curiosa torre torta 26

Escultura 27

Pintura 29

   Livros iluminados, um luxo para poucos 29

   Afrescos e retábulos 30

Bibliografia 32

Apresentação

A Idade Média é um período de difícil definição, pois está situada entre a nostalgia da Idade Antiga e o orgulho da Idade Moderna.

A arte na Idade Média será mostrada dentro de um contexto histórico. Não aquele que muitos historiadores dizem ser a idade das trevas, mas, sim, um período de mudanças sociais e riquezas artísticas que nos levarão a perceber como as obras de arte influenciaram a sociedade dessa época.

Mostraremos como os povos desse período adaptaram novos métodos de arte às suas necessidades religiosas, já que a religião era o refúgio dos oprimidos.

Compararemos as diferenças que a arte apresenta em mil anos de Idade Média. Escolhemos esse caminho para estimular o leitor a pensar na importância da arte desse período dentro da história universal, percebendo e realizando as leituras das imagens por uma via de fácil entendimento.

Assim como fizemos na coleção "Arte na Idade Antiga", ler imagens continua sendo nosso objetivo. Seus significados, relacionados a sentimentos, pensamentos e percepções, desencadeiam discussões por meio de olhares distintos.

Também, não nos esqueçamos de que os artistas são grandes comunicadores por meio do visual; não necessitam das palavras, pois a iconografia é imediatista, muito rica e nos faz viajar.

Convidamos o leitor a nos acompanhar nesta viagem pela Idade Média e a decifrar os códigos de uma época tão misteriosa!

As autoras

Quem é o personagem retratado e o que ele carrega na mão?
Você consegue reconhecer as quatro figuras que o emolduram?
Esta peça é uma relíquia da Idade Média, você saberia identificar que tipo de objeto ela é?

Introdução

É inegável a supremacia do Império Romano no contexto das grandes conquistas testemunhadas pela humanidade. Da Grã-Bretanha às portas do Oriente, a águia imperial também pousou no norte da África. Sem dúvida, uma saga – retratada e reinterpretada ao longo do tempo.

Foi entre os séculos V e XIII que a arte esteve a serviço da espiritualidade, se fazendo presente no cotidiano de uma Europa cristã. Se as invasões bárbaras no Império Romano são lembradas pela violência, é preciso também considerar o intercâmbio cultural que se processou nesses contatos e suas influências em processos artísticos futuros.

Enquanto os mosteiros europeus afastados dos grandes centros urbanos guardavam e reproduziam obras literárias e iluminuras, as igrejas exerciam o fascínio, a devoção, a peregrinação e a força de uma época por meio de suas linhas arquitetônicas. Era o estilo românico. A utilização do arco romano e de técnicas que utilizavam as abóbadas, pouca luz e pedras na construção de paredes grossas, foram responsáveis pela edificação de igrejas vistas como "Fortalezas de Deus". Era o sentimento religioso proposto pelo cristianismo, que buscou na visibilidade uma das formas de se manter presente no cotidiano de uma sociedade iletrada, sensibilizada pela força da imagem e da devoção.

Nesta obra, as autoras proporcionam ao leitor riqueza de imagens e clareza textual, que são frutos de uma pesquisa apurada e de um mergulho no universo medieval. Uma produção cuidadosa, que vem contribuir para a construção de um olhar sobre as manifestações artísticas ligadas a um período histórico marcado pelas relações entre os valores temporais e espirituais.

Paulo Sutti
Mestre em História Social pela PUC-SP e Fotógrafo

O NASCIMENTO DE UM NOVO ESTILO DE ARTE

Com a ruína do Império Romano do Ocidente, diversos povos bárbaros se estabeleceram nas províncias romanas, determinando novas características à arte. Em contato com o mundo romanizado, os povos invasores passariam a criar uma diversidade de resultados em seus próprios estilos.

Esse período, que vai do século V até o século XI, será dividido em duas fases: um primeiro momento, em que a arte se desenvolveria com base na cultura dos invasores; e um segundo momento, no século VIII, com o surgimento da figura de Carlos Magno, alterando o cenário para a arte denominada carolíngia.

O estilo românico nasceu da necessidade do povo de ir em busca de sua identidade cultural e dos valores estéticos greco-romanos. É na velha Roma que surge a inspiração para o uso do arco como elemento de sustentação na arquitetura e da abóbada como sistema de cobertura.

O estilo românico não foi totalmente homogêneo, trazendo consigo características que se mesclam com as artes romana, bizantina e islâmica, e com as religiões cristã, muçulmana e judaica.

Um trabalho muito representativo da arte românica são as iluminuras – ilustrações que os monges copistas faziam nos manuscritos medievais.

A imagem da página 8 mostra a capa de um manuscrito que traz a figura de Cristo, um dos temas mais usados pelos artistas. A forma decorativa carrega traços de culturas orientais e germânicas.

Observe como Cristo é mostrado em posição majestosa, entronado; enquanto abençoa com uma das mãos, com a outra, segura um livro.

As duas letras gregas que aparecem ao lado de sua cabeça, alfa e ômega, são símbolos que representam "o primeiro e o último", título que foi dado a Cristo em referência a uma passagem do *Livro do Apocalipse*.

Na decoração, o artista utilizou materiais como: marfim, ouro e pedras preciosas.

Cristo em majestade é oferecido com muito luxo aos olhos dos crentes. Um grande friso oval separa a imagem de Cristo dos quatro símbolos dos evangelistas: o anjo de São Mateus, a águia de São João, o leão de São Marcos e o touro de São Lucas. Sua força e poder também são expressos pela falta de proporção em suas pernas dobradas, pelos grandes dedos das mãos e pelo halo que contorna sua cabeça.

A arte dos povos bárbaros

A palavra bárbaro era usada pelos romanos para classificar todos aqueles povos que habitavam fora das fronteiras do Império Romano, que não falavam o latim e que desprezavam a arte e a cultura greco-romana.

Esses povos estavam divididos em vários grupos: mongóis, francos, alamanos, saxões, vândalos, godos, entre outros. À medida que se deslocavam em direção ao sul da Europa, penetravam no Império Romano, a princí-

Parte dianteira de um navio viking, Rússia.

Coroas votivas do tesouro de Guarrazar, Espanha visigótica, século VIII.

pio de forma pacífica e até mesmo se integrando ao exército romano. Porém, a violência passou a predominar e os bárbaros decidiram saquear as cidades do império à procura de ouro e terras para agricultura.

A arte dos bárbaros, também conhecida como arte germânica, foi desenvolvida por um povo nômade, formado por caçadores e guerreiros com costumes e crenças diferentes. Eles assimilaram a cultura e a religião do povo conquistado, ao mesmo tempo em que introduziram seus costumes e traços culturais, concebendo uma arte baseada nos metais, vidros, pedras preciosas e bordados. Foi criado, assim, um estilo de arte europeia que se desenvolveu entre os séculos VIII e IX.

O fato de esses povos serem nômades favoreceu fortemente as suas expressões artísticas na ourivesaria e na fundição de metais, pois confeccionavam objetos pequenos e facilmente transportáveis, fossem eles utilitários ou apenas decorativos. As peças tinham como tema animais estilizados e motivos geométricos; o desenho da figura humana não fazia parte das decorações.

O Tesouro de Guarrazar é um achado arqueológico composto por 26 coroas e cruzes votivas, todas feitas em ouro e com pedras preciosas incrustadas. Esse tesouro foi encontrado em um campo de cultivo chamado Guarrazar, próximo à cidade de Toledo, na Espanha. As peças foram divididas entre o Museu de Cluny, na França, e o Museu Arqueológico Nacional da Espanha, em Madri.

Observe a imagem ao lado. Trata-se de coroas votivas; diferente da coroa de um rei, essa não era feita para ser usada, mas para ser pendurada. Os reis visigodos, como forma de demonstrar sua fé, ofertavam-nas à Igreja para que fossem penduradas sobre o altar. Feitas em largos aros de ouro e adornadas com pedras preciosas, algumas dessas coroas carregavam em seu interior as letras do nome do rei que as houvesse oferecido.

Além de objetos de luxo, os povos bárbaros também fabricavam armas, escudos e elmos. Eram objetos que estavam presentes no equipamento bélico desse povo e eram feitos em bronze e prata, cabendo ao artesão a função de confeccioná-los. Ao mesmo tempo em que exerciam função de defesa, tais equipamentos também mostravam criatividade em suas formas diversas e originais, muitas vezes buscando inspiração em padrões originados, provavelmente, de uma arte primitiva céltica.

Chamar esses povos de "bárbaros" não significa dizer que não possuíam um sentido de belo e nem uma arte própria; ao contrário, eram muito habilidosos em trabalhos de metal finamente lavrados. A ourivesaria era uma das poucas atividades que podiam exercer os artesãos por causa da vida itinerante que levavam.

Os *Evangelhos de Lindisfarne*

Os irlandeses não foram conquistados pelos romanos; mantiveram uma cultura puramente celta que, ao fundir-se com o catolicismo, apresentou padrões sociais e culturais diferentes do resto da Europa.

Saint Patrick, o santo padroeiro da Irlanda, foi responsável por difundir o cristianismo no século V. Utilizava-se do trevo de três folhas – planta muito simbólica entre os irlandeses – como uma metáfora para explicar a Santíssima Trindade em suas pregações.

Os monges e missionários da Irlanda céltica, ao unirem suas tradições às artes cristãs, criaram um estilo diferente de arte que pode ser visto nas escrituras dos livros sagrados. O *Livro de Lindisfarne*, do ano 700, é a mais perfeita transcrição do Evangelho, trazendo as passagens de São Mateus, São Marcos, São Lucas e São João. Os Evangelhos eram transcritos à mão sobre folhas de pergaminho, atividade executada por monges copistas. Eram encadernados com capas valiosas, ricas em ouro, prata, esmaltes bastante coloridos e pedras incrustadas.

O *Livro de Kells*

A imagem ao lado pertence aos manuscritos conhecidos como *Livro de Kells*, um documento muito importante no cristianismo irlandês. Suas páginas foram confeccionadas por monges celtas, por volta do ano 800, e suas pinturas decorativas – também conhecidas como iluminuras – ilustram letras e cenas bíblicas.

Perceba como a figura humana surpreende em sua forma de representação. Os artistas irlandeses tiveram grande dificuldade em adaptar suas tradições às novas exigências dos livros cristãos.

O tema, sempre retirado da *Bíblia*, é modificado de maneira a acompanhar o gosto pessoal do artista; ele transforma as madeixas do cabelo em rolos, cria faixas entrelaçadas entronando a figura central e contorna toda a volta com uma moldura decorativa de padrões complexos.

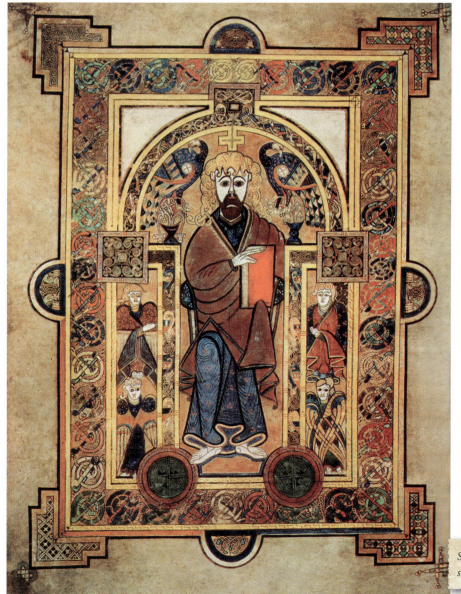

São Mateus, Livro de Kells, século VIII.

As páginas estão repletas de elementos decorativos de tradição irlandesa, nos quais se sobressaem os motivos geométricos mesclados a figuras de animais.

A letra capitular, que tinha a função de iniciar um capítulo, já era um tema para a ilustração; seu desenho causava fascínio no leitor, introduzindo-o ao texto.

Observe o capricho no traçado da letra "P" que está quase escondida no desenho. Identificá-la exige um olhar minucioso, disposto a percorrer seu contorno em meio à rebuscada decoração.

A letra capitular decorada, muito comum nos livros religiosos, foi utilizada também em outros gêneros literários da época – histórias de cavalaria, contos de fadas, reis e rainhas, entre outros. Esse estilo de decoração perdura até os dias de hoje, e é principalmente nos livros infantis que o encontramos com mais frequência.

Letra capitular do Livro de Kells, *século VIII.*

Arte carolíngia – a prosperidade da arte monástica

Uma grande instabilidade econômica e administrativa surgia no Império do Ocidente após as invasões dos povos bárbaros. Carlos Magno, nesse momento, conseguiu reunir sob a sua coroa os povos francos, aquitânios, godos, visigodos, eslavos, saxões e lombardos; tinha por objetivo instaurar um novo Império, unificar os senhores e as aldeias sob uma única religião e uma única cultura compartilhada, baseada em seu poder e conhecimento.

Carlos Magno, rei dos francos, esteve no poder entre os anos 768 e 814. Recebeu o título de protetor da Igreja Romana, com o qual conquistou terras e converteu seus habitantes ao cristianismo. Homem inteligente e conquistador, quis devolver o esplendor à arte europeia ao reviver a tradição artesanal da arte romana, adaptando-a às necessidades da religião cristã. Às obras desse período dá-se o nome de arte carolíngia.

Incentivador dessa arte, Carlos Magno patrocinou vários centros monásticos, verdadeiros ateliês que eram responsáveis pelas produções dos manuscritos sagrados. Quanto ao estilo, a arte carolíngia recebeu influências das artes celta-germânica, romana e bizantina.

O monge-artista coloca-se como um "continuador" quando reproduz os temas cristãos e usa de sua liberdade estética ao se expressar por meio do desenho. Exemplo disso é a imagem dos evangelistas que foram reproduzidas de diferentes formas em diversos manuscritos, seguindo o estilo de cada artista.

São Mateus, iluminura dos evangelhos de Ebbo, escola francesa, século IX.

O artista medieval aprendeu a expressar o que sentia em suas obras. Por meio dos desenhos, transmitia aos seus irmãos de fé os ensinamentos das histórias sagradas.

Na imagem acima, o artista representou São Mateus. Com grande liberdade e sem se preocupar em divinizá-lo, retirou a auréola de sua cabeça. O santo é retratado com expressão de tensa concentração por meio dos olhos esbugalhados; suas mãos são retratadas de forma exagerada e grotesca, mostrando a importância dos escritos no livro sagrado.

A cena é carregada de expressividade, notada pelas linhas sinuosas que aparecem nas dobras ondulantes da túnica. Essa expressividade também está presente no cenário de fundo, riscado de forma contínua, criando uma região montanhosa que proporciona a ideia de movimento.

A iluminura abaixo é uma das mais esplêndidas da pintura carolíngia. Criado no começo do século IX, a imagem nos mostra a mais elevada cultura pictórica dos quatro evangelistas, com seus respectivos símbolos em uma paisagem imaginária. Uma moldura dourada encerra majestosamente esse cenário espiritual.

A iluminura reproduz os quatro evangelistas – São Mateus, São Marcos, São Lucas e São João – sentados em banquetas com volumosas almofadas bordadas, ante um fundo difuso e imaginário na cor azul. Expressivos, vestem roupas clássicas, deixando livre o braço direito, usado para escrever.

Todos os evangelistas estão com o livro aberto e portam tinteiro e pena, o que sugere que estejam mergulhados em seus trabalhos. Tinham a função de contar a vida de Jesus, escrever um Evangelho.

A iconografia cristã atribui um símbolo a cada um dos quatro evangelistas:

São Mateus é representado por um anjo alado, significando que Deus criou o homem à sua imagem e semelhança.

Os quatro evangelistas, iluminura de 820 d.C., Catedral de Aachen, Alemanha.

São João foi considerado o maior teólogo dentre os quatro evangelistas. É representado por uma águia, ave caracterizada por voar muito alto e fazer seus ninhos nos mais elevados picos; o símbolo mostra, assim, a dimensão da liberdade do filho de Deus diante das forças do mundo.

São Marcos é representado por um leão alado, simbolizando as feras que habitam o deserto. É uma dimensão de força, realeza, poder e autoridade do filho de Deus.

São Lucas é representado por um touro, também alado, que remete aos sacrifícios e à dimensão de sua oferta a Deus.

Arte otoniana – uma arte solene e austera

No século X, o imperador germano Oto I assume o Império do Ocidente e, em menor escala, repete a obra de Carlos Magno. Nesse período, a inspiração artística outra vez é retomada dos ideais da Antiguidade, porém de uma forma mais solene e austera do que no período carolíngio. Um exemplo disso é a figura do soberano, que aparece frequentemente nas ilustrações dos manuscritos.

O estilo da arte otoniana, assim como o carolíngio, foi breve em sua duração. A arte desse período, também conhecido como Alta Idade Média, recebeu influências greco-romanas, bizantinas e bárbaras, além de características regionais; no entanto, permaneceu comum o espírito cristão e a busca pela transcendência.

Na imagem abaixo, vê-se o imperador Oto III, sucessor da dinastia otoniana, representado em seu trono, acima do nível do chão e em tamanho sensivelmente superior, o que denota sua soberania. De um lado, estão os representantes da Igreja carregando a escritura sagrada; do outro, os representantes do poder militar. Nessa iluminura, o imperador ocupa um espaço que até então era destinado à figura de Cristo, o Salvador.

Sacro imperador romano Oto III, ano 998. Manuscrito iluminado, Museu Nacional da Baviera, Munique, Alemanha.

Arte românica – um diálogo com o invisível

O termo "românico" é uma invenção do século XIX para designar um estilo de arte semelhante ao romano. Esse novo estilo foi fruto da assimilação da cultura ocidental mediterrânea do século VIII pelos povos bárbaros.

O ano 1000 era um mito que disseminava o medo, pois os cristãos o associavam ao fim do mundo, ao Apocalipse, ao Juízo Final. Tal momento, tão temido e não concretizado, acabou por favorecer a construção de uma infinidade de edifícios religiosos com o intuito de purificar o espírito e de agradecer por terem atravessado a temida data.

Mesmo com a não concretização da profecia do fim do mundo, este não havia perdido seu caráter ameaçador; o diabo estava sempre de prontidão à espera dos pecadores, e isso era um perigo constante. A Igreja Românica registrou em pedra tal drama, transformando suas construções. As paredes lisas e as cúpulas brilhantes deram lugar a edifícios que configuravam o palco do drama do homem da Idade Média, profundamente dilacerado entre as forças do Bem e do Mal.

Na arquitetura, a arte românica se destaca com as construções de igrejas e mosteiros; subordinadas à arquitetura, desenvolvem-se a escultura, a pintura e as artes decorativas. O surgimento dessa nova estética expressa o sentimento religioso de um povo convertido ao cristianismo.

Igreja de Santo Ambrósio, Milão.

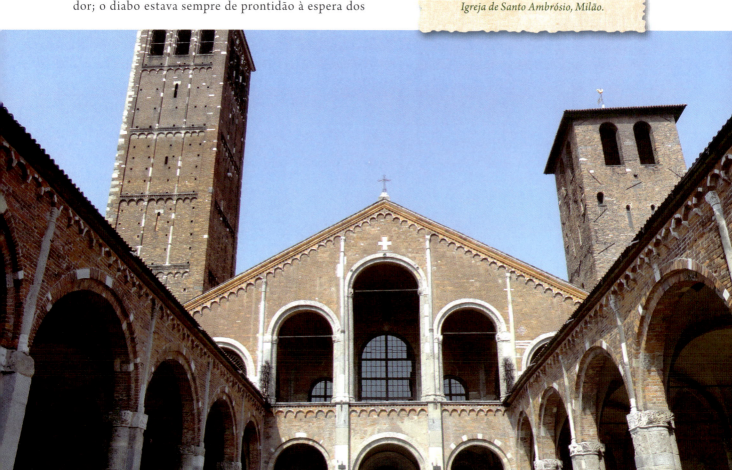

ARQUITETURA

Arquitetura românica agrega em suas construções o arco romano. Os edifícios deveriam ser fortes e protetores para barrar a entrada das forças malignas.

Arquitetura românica – um encontro com Deus

As ordens religiosas se aproveitavam do sentimento de fé e promoviam peregrinações a lugares santos, como Jerusalém, Roma, Santiago de Compostela e outros, com a promessa de salvação eterna para as almas dos peregrinos. Para acomodá-los, os arquitetos projetaram grandes edifícios com planta básica, com um corredor contínuo circulando o altar da igreja. O visitante poderia, assim, caminhar observando as relíquias sem atrapalhar os fiéis em oração.

As relíquias sagradas – túmulos de santos, de mártires e de bispos, ossos, peças de vestuários – eram guardadas em relicários e depositadas nas pequenas capelas que circulavam o altar. Os peregrinos acreditavam piamente que elas possuíam milagrosos poderes curativos. Essas peregrinações tornaram-se vias de intercâmbio cultural, econômico e artístico.

Características da igreja românica

As igrejas românicas eram grandes e sólidas, com paredes espessas e com aberturas estreitas usadas como janelas, tornando o ambiente escuro e protetor. Daí serem chamadas "Fortalezas de Deus".

As características desse estilo são marcantes e facilmente identificáveis: a fachada da porta principal, em forma de arco, vem acompanhada de uma ou duas torres para abrigar os sinos, chamadas de campanários. Na parte interna, surge uma arquitetura abobadada, de paredes sólidas com colunas terminadas em capitéis cúbicos, esculpidos com figuras de vegetais e animais.

A planta da igreja românica aparece no formato da cruz latina, com uma de suas pontas formando um semicírculo. Esse formato assemelha-se a um jogo infantil conhecido como amarelinha. No jogo, o objetivo é chegar até o "céu" e, para isso, deve-se transpor os obstáculos até atingir o almejado. Tal comparação nos leva ao mesmo objetivo que tinham os fiéis ao entrarem na catedral românica, pois determinavam a mesma peregrinação ao atravessarem os quadrados – sugeridos pelos pilares da nave – antes de pisarem no "céu", ou na abside da igreja.

Essa planta universal deu origem às igrejas cristãs e foi, por séculos, modelo de todas as outras que foram construídas na Europa. No entanto, não eram totalmente homogêneas, seguiram variações em seus estilos regionais.

19

A planta da igreja românica

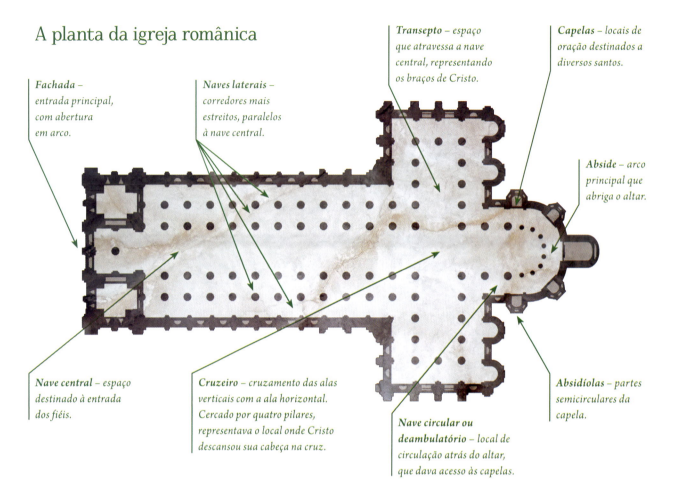

Fachada – entrada principal, com abertura em arco.

Naves laterais – corredores mais estreitos, paralelos à nave central.

Transepto – espaço que atravessa a nave central, representando os braços de Cristo.

Capelas – locais de oração destinados a diversos santos.

Abside – arco principal que abriga o altar.

Nave central – espaço destinado à entrada dos fiéis.

Cruzeiro – cruzamento das alas verticais com a ala horizontal. Cercado por quatro pilares, representava o local onde Cristo descansou sua cabeça na cruz.

Nave circular ou deambulatório – local de circulação atrás do altar, que dava acesso às capelas.

Absidíolas – partes semicirculares da capela.

O teto das igrejas apresenta a característica mais marcante da arquitetura românica. Trata-se da utilização da abóbada – cobertura de espaços; teto recurvado e feito de pedra, que evoluiu do arco romano. A vantagem dessas construções era conseguir o menor número possível de obstruções internas nas basílicas, além de também serem imunes ao fogo. A partir de então, a madeira que era usada internamente passa a ser usada somente nos telhados.

Arco pleno

Abóbada de berço – é uma ampliação lateral das paredes do arco pleno.

Abóbada de canhão – é uma extensão da abóbada de berço.

Abóbada de aresta – é a intersecção de duas abóbadas de berço apoiadas sobre pilares.

O edifício da igreja românica

O estilo românico dominou a Europa Ocidental, que estava unida pela fé; sua arquitetura apresentou, entretanto, variações regionais de acordo com as influências locais diversas, que originaram várias escolas românicas. Estudiosos dão como datação da arte arquitetônica românica os séculos XI e XII, e meados do século XIII.

Esse estilo, profundamente europeu, expandiu-se de Portugal à Alemanha, do sul da Itália ao norte da Inglaterra. Convém lembrar que, naquela época, a Europa ainda não estava dividida nas nacionalidades que atualmente a compõem e os povos falavam variações do latim.

Podemos ter uma ideia melhor da arquitetura românica ao observarmos a ilustração abaixo, da igreja de Saint-Sernin. A basílica é um exemplo desse estilo e foi uma das primeiras igrejas de peregrinação na França.

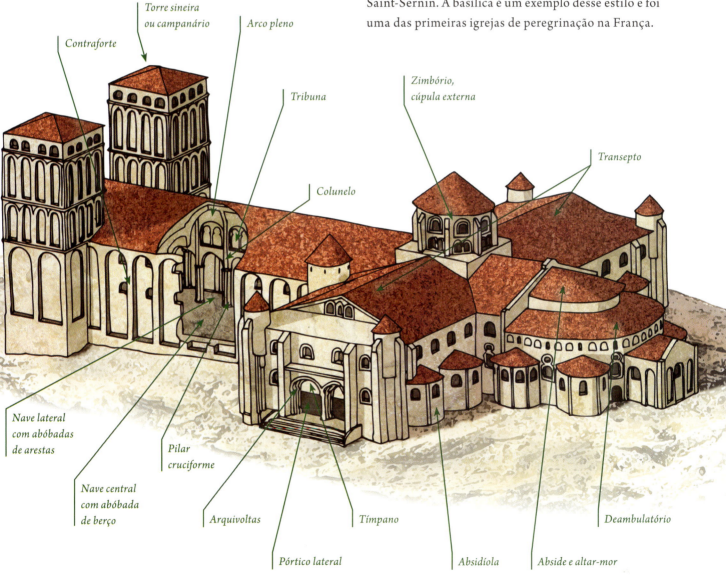

Mosteiros – um mundo de recolhimento, religiosidade e trabalho

Outro tipo de construção medieval de grande porte foram os mosteiros, normalmente construídos longe dos núcleos urbanos para abrigar as ordens monásticas. Os monges se isolavam nesses locais com o objetivo de meditar e trabalhar para a Igreja.

Esses complexos arquitetônicos eram organizados para atender aos monges que ali viviam. O local era rodeado por uma muralha de proteção; possuía terra para o cultivo, uma igreja, dormitórios, refeitório, cozinha, oficinas, enfermarias, hospedaria e jardim, entre outros espaços.

A palavra mosteiro vem do grego *monasterion*, que significa "viver sozinho". Os monges se organizavam em ordens monásticas, tais como: beneditinos, cartuxos, cluniacenses, cistercienses e agostinianos. Os templários faziam parte de uma ordem militar, tendo lutado nas Cruzadas; e, por último, os hospitalários, que protegiam os peregrinos no caminho para a Terra Santa. Todos deviam obediência ao papa e viviam segundo as regras de suas ordens religiosas, fazendo votos de pobreza, obediência, castidade, silêncio e caridade.

Aos monges cabia a tarefa de difundir a arte e a cultura por meio da transcrição dos livros sagrados e suas iluminuras.

O mosteiro de Santa Maria de Poblet é da ordem cisterciense e foi fundado em 1151 no município de Vimbodi, na Catalunha. O local era propício para a fundação do mosteiro, pois ficava em uma área isolada, com água abundante e um extenso campo para a agricultura.

Durante muitos anos, o local passou por guerras, saques e incêndios que o deixou em ruínas esquecidas. Somente em 1930 criou-se o padroado de Poblet com a função de recuperar o edifício e as obras de arte que ali ficaram.

Atualmente é habitado por monges cistercienses que cuidam do lugar, rezam e mantêm uma pequena horta, vivem de contribuições voluntárias e oferecem hospedagem para pessoas que necessitem de um retiro espiritual.

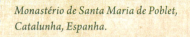

Monastério de Santa Maria de Poblet, Catalunha, Espanha.

A arte de erguer castelos

A Idade Média foi uma época de grandes construções de castelos, estilo de edificação comum entre os senhores feudais, reis e nobres, que os faziam para se proteger dos invasores. Cercadas por grandes muros e torres que permitiam a vigilância dos arredores, eles eram pensadas para proteger os bens e os familiares de seus senhores.

Tais construções simbolizavam o poder do detentor do feudo; quanto maior fossem, mais rico era o proprietário. Os castelos eram erguidos por homens livres, bem-remunerados e alimentados pelo senhor do feudo.

No início, tanto os castelos quanto as torres eram feitos em madeira, pelo fácil acesso e disponibilidade nas florestas. Essas construções de madeira podiam ser erguidas rapidamente, porém eram inflamáveis e, portanto, vulneráveis nas batalhas. Tempos depois, a pedra toma o lugar da madeira, para a glória da arquitetura.

A partir do século XI, os castelos passaram a ser erguidos com blocos de pedra, tornando-se muito resistentes. Eram construídos em regiões altas, para facilitar a visualização de inimigos, e ao redor era aberto um fosso com água, dificultando sua entrada. Os arqueiros ocupavam as altas torres, e nos calabouços ficavam presos os bandidos ou os inimigos capturados.

Muitos desses castelos, em seu interior, eram frios e rústicos, seus grandes cômodos não eram luxuosos como vemos em filmes épicos, e todo o esgoto produzido era jogado no fosso.

Hoje, grande parte dos castelos medievais da Europa foi transformada em museus, hotéis ou pontos turísticos, locais que podemos visitar e imaginar como viviam os povos medievais.

Como exemplo, encontra-se no sul da França, na cidade de Carcassonne, um desses magníficos cenários que nos transportam para a Idade Média. O castelo de Carcassonne foi, durante anos, a morada de vários senhores feudais que mandavam na região e também foi habitado pelos cátaros – hereges perseguidos pela Igreja –, o que fez do lugar palco de vários conflitos militares e religiosos.

Castelo de Carcassonne, França.

O castelo foi restaurado no século XIX por Viollet-le-Duc e hoje é protegido pela Unesco. Visitar a cidadela de Carcassonne é como voltar no tempo, passeando por suas muralhas e imaginando as conquistas e guerras que ali foram travadas. A cidade está cheia de bares, cafés charmosos e restaurantes que lembram antigas tabernas medievais; as ruas estreitas, de pedras, abrigam inúmeras lojas onde o turista tem a oportunidade de adquirir recordações do lugar. Carcassonne é considerada uma das mais belas e conservadas cidadelas medievais de toda a Europa.

Guédelon, uma viagem no tempo

O fascínio que os castelos exercem sobre as pessoas até os dias de hoje levou o idealizador Michel Guyot a construir um castelo medieval, isolado, no meio de um bosque na floresta da Borgonha, na França. Desde 1997, o castelo em estilo medieval vem sendo erguido a partir de materiais, tecnologias e métodos de construção do século XIII.

Encravado na floresta, o castelo tem como objetivo mergulhar na época do feudalismo e mostrar aos visitantes o dia a dia de um canteiro de obras daquele período. O espaço foi escolhido por fornecer as matérias-primas necessárias, como: madeira, terra, areia e água.

Especialistas em arqueologia e arquitetura medieval, por meio de pesquisas e dos poucos relatos sobre técnicas construtivas da época, montaram a céu aberto um verdadeiro laboratório pedagógico. O canteiro de obras comporta 45 trabalhadores, responsáveis pelos 12 ofícios da área da construção. Esses trabalhadores atuam sob os sons compassados das marteladas que quebram o silêncio do local; ferreiros, entalhadores, pedreiros e carpinteiros trabalham em cabanas ao redor do castelo, utilizando ferramentas do passado e recriando o clima da vida diária dentro dos feudos.

Ao visitar Guédelon, a primeira visão é inesquecível. A imersão no passado é total e a reconstrução de todos os detalhes é minuciosa, havendo uma grande preocupação em mostrar a veracidade dos fatos. Até mesmo as pessoas que trabalham no local se vestem com trajes típicos da época! A única referência com a contemporaneidade são os veículos dos turistas, parados em um rudimentar estacionamento longe das construções.

Os saberes ancestrais são explicados ao público pelos próprios trabalhadores, em suas respectivas cabanas, transmitindo o conhecimento do fazer por meio de um programa que inclui história, arqueologia e geometria. Michel diz que está erguendo um castelo de forma pedagógica e acredita que levará em torno de 30 anos para edificá-lo totalmente. Segundo suas palavras, "com um pouco de sorte, estará tudo pronto em 2027".

Castelo de Guedelon em construção.

Observe as imagens da construção do castelo de Guédelon e viaje no tempo.

Construção da ala principal e de uma das torres.

Ateliê de pintura com pigmentos da época.

O escultor fende a pedra.

Cabana de tingir e tecer o fio.

Construção da abóbada de aresta.

Mesa do serralheiro e suas ferramentas.

Pisa e a curiosa torre torta

Algo a mais

As origens de Pisa permanecem envoltas em mistérios; nem mesmo os historiadores dos tempos antigos foram capazes de desvendá-los. Muitos acreditam que povos vindos pelo mar, na época pré-romana, instalaram-se onde hoje se encontra o pedacinho da cidade denominado de cidade medieval.

A harmoniosa fusão entre elementos arquitetônicos orientais e ocidentais acabou dando origem a um estilo românico único, chamado de românico-pisano. Todo turista que vai à Itália deseja conhecer esse cantinho da história medieval.

A famosa torre torta fica em um complexo arquitetônico composto pela Catedral de Pisa, o Batistério, o Museu dell'Opera Del Duomo e o Camposanto (ou cemitério monumental). A torre, que possui inclinação de 4,31 metros, é um dos monumentos mundiais mais famosos. Sua construção foi iniciada no ano de 1174, e seu término deu-se em 1350; já em 1185 apresentou seu primeiro deslocamento, devido ao terreno e ao tipo de solo. A torre nunca foi completamente vertical, sua inclinação foi percebida durante toda a sua construção. Hoje, ela mede 56,7 metros de altura e continua a inclinar-se à razão de um milímetro por ano. É o mais típico campanário italiano, todo turista adora fotografá-lo brincando com a gravidade.

Não se pode deixar de citar que o grande matemático Galileu Galilei, que nasceu em Pisa, utilizou-se da torre para fazer muitas de suas experiências sobre a queda de objetos, defendendo que a aceleração da queda é igual para todos os corpos, independentemente de seu peso.

Escultura

A escultura subordinava-se totalmente aos propósitos arquitetônicos, isto é, encaixava-se em colunas, pilastras, molduras de arcos, capitéis e em grandes cenas esculpidas nos portais das igrejas.

Os relevos narravam passagens bíblicas e comunicavam valores religiosos. O tímpano era um espaço semicircular, geralmente destinado a receber esculturas que representavam as forças do Bem e do Mal. Essa decoração apoiada em arcos era percorrida visualmente pelos fiéis, uma vez que, ao atravessar os portais da casa do Senhor, o homem deveria deixar para trás as forças infernais que pudessem desviá-lo do caminho até Deus.

Acompanhe na imagem da página 28 as partes que compõem o portal românico da Basílica de Vézelay, que se encontra antes de adentrar a nave central.

A Basílica de Vézelay, atualmente conhecida como Basílica de Santa Maria Madalena, foi construída em 1037, inicialmente como um mosteiro beneditino e cluniacense. Hoje, seu destaque está nos pórticos e capitéis, esculpidos por um artista que representava os ensinamentos cristãos por meio de imagens relativas ao trabalho do agricultor, o que facilitava o aprendizado do camponês.

O capitel românico da basílica apresenta a forma piramidal truncada e invertida, com individualizadas cenas religiosas esculpidas. Por causa do formato da pedra, o escultor românico realiza uma deformação propositadamente para que as figuras se encaixem no espaço, portanto, ele destrói a cena natural para que agora ela adquira dimensões próprias.

Nesta cena de Davi e o Leão, observe as proporções entre eles. O artista se preocupou mais em representar uma cena bíblica e ocupar o espaço na pedra do que com a representação real das figuras.

Dintel ou arquitrave – neste espaço, sob os pés do Cristo, estão representados todos os povos do mundo, voltados em sua direção.

Tímpano – nesta área semicircular maior, a cena é representada pela figura do Cristo em glória – em tamanho grande, joelhos voltados para a direita do espectador e suas mãos que irradiam luz e abençoam seus apóstolos.

Arquivoltas – arcos que contornam o tímpano.
1ª volta – desenhos florais.
2ª volta – sequência de círculo, alternando os signos do zodíaco com os trabalhos que se referiam aos meses correspondentes.
3ª volta – cenas religiosas.

Nartex do portal da Basílica de Santa Maria Madalena, Vezelay, França.

Mainel – coluna esculpida que divide a entrada principal em duas partes.

As pequenas figuras humanas estão entregues a atividades sazonais, chamadas "trabalhos dos meses".

Jambas – colunas que ladeiam o pórtico. Aqui, são retorcidas e ilustram as figuras dos apóstolos.

Pintura

Livros iluminados, um luxo para poucos

Enquanto os monges liam seus livros nos mosteiros em sinal de meditação, os nobres que viviam em castelos adquiriam seus livros e realizavam suas leituras de forma coletiva, em sinal de divertimento. O gosto pela leitura era compartilhado entre homens e mulheres: os que sabiam ler, liam em voz alta para todos os interessados.

O livro começou a ganhar tamanha importância dentro dos castelos, onde muitos nobres passaram a construir suas bibliotecas para guardar os volumes, muitas vezes raros. Esses bens tão preciosos chegavam a ser muito valorizados e deixados em testamento.

Por volta do século VII, os nobres encomendavam cópias de livros religiosos aos monges copistas. Com a popularidade da leitura, os temas mais apreciados pela aristocracia passaram a ser as literaturas históricas e os romances.

A paixão pelos livros era compartilhada pelas famílias por gerações, e a busca cada vez maior por manuscritos exóticos e luxuosos mobilizava a corte dos senhores feudais com o objetivo de preencher as estantes de suas bibliotecas – o que era tido como uma forma de *status* social e cultural.

A iluminura foi a expressão da arte românica que mais se desenvolveu. Os artistas exploravam todo o seu potencial no desenho e na pintura das letras ou das cenas que acompanhavam o texto.

Esses livros ricamente decorados são registros históricos que nos mostram não apenas a vida religiosa do homem medieval mas também como ele vivia, lutava, amava e se divertia. Tais manuscritos são verdadeiros relatos do estilo de uma época.

A imagem abaixo mostra uma página de um livro de horas piemontês. Nele, vemos Maria e Jesus com a nobre francesa Amédée de Saluces, para quem o livro havia sido feito.

O livro de horas continha textos e ilustrações cristãs; era um livro que geralmente ficava no quarto e era lido cotidianamente.

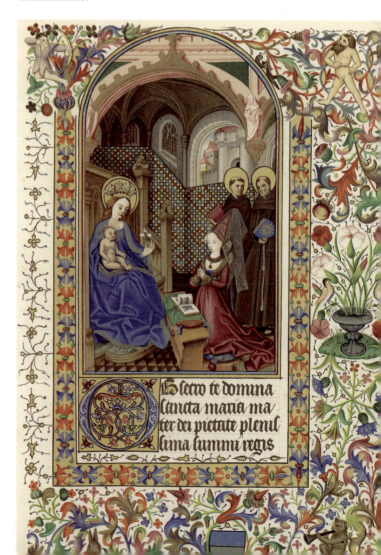

Afrescos e retábulos

Na imagem abaixo, estão descritas algumas características da pintura românica.

Uma das características da representação de Cristo é a deformação, que colocava sempre os valores religiosos acima da forma. Cristo é mostrado maior que as outras imagens que o cercam, flutuando em um espaço sem profundidade, com os olhos grandes e abertos. Essas desproporções são intencionalmente exageradas com o objetivo de mostrar Cristo como divino e soberano.

Os quatro anjos contornam a figura do Cristo.

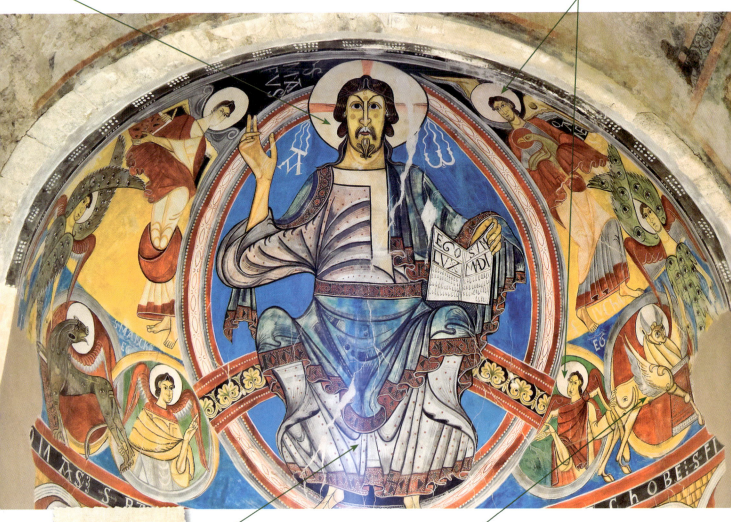

Cristo em Majestade, Igreja de São Clemente de Tahull – Catalunha, Espanha.

A representação austera e frontal do Cristo, que se relaciona diretamente com os fiéis, é uma típica influência da arte bizantina.

O românico define as formas por meio de cores fortes e chapadas, sem a intenção de imitar a realidade.

30

Gregório Magno I dizia que a pintura pode fazer pelo analfabeto o que a escrita faz pelos que sabem ler. Tal fala expressa todo o objetivo da pintura românica, que é considerada uma pintura religiosa e tratada com muito respeito, sendo mais que uma simples decoração.

A pintura românica desenvolveu-se dentro das igrejas em associação com a arquitetura. Eram encontradas em grandes decorações de murais, por meio da técnica do afresco, e na pintura sobre madeira, também conhecida como retábulo – as tábuas pintadas ficavam geralmente atrás do altar.

Cabia ao artista a função didática de tornar visível a onipotência divina, imbuir no crente o temor a Deus e o respeito à Igreja, expondo diante de seus olhos as lições contidas nos livros sagrados.

Os artistas românicos tinham liberdade para explorar os diversos caminhos da representação da figura humana. Observe a imagem abaixo; parece tratar-se de uma pintura contemporânea, embora seja um retábulo tumular do século XIII. Nele, o artista se libertou da rigidez da figura frontal para mostrar a intensa dramaticidade de um cortejo fúnebre; nos rostos, pode-se ver expressões carregadas de sentimento, que são intensificadas pelo gesto das mãos.

Outra inovação são os desenhos geométricos das roupas e o uso de cores quase monocromático.

Retábulo do túmulo de Don Sancho Sáiz Carrillo, *fim do século XIII, Museu de Arte Catalã, Barcelona, Espanha.*

BIBLIOGRAFIA

ABRIL CULTURAL. *Arte nos séculos – volume II*. São Paulo: Editora Victor Civita, 1969.

BARGALLÓ, Eva. *Atlas básico da História da Arte*. São Paulo: Escala Educacional, 2008.

BARSALI, G.; e outros. *Pisa – História e Obras Primas*. Florença: Bonechi, s/d.

BOZAL, Valeriano. *História Geral da Arte – escultura II*. Madrid: Ediciones del Prado, 1995.

BRANDENBURG, Erlande Alai. *La Cathédrale Saint-Denis*. Rennes: Édilarge S.A. Éditions Ouest-France, 2007.

CASA, Leticia de la; e outros. *El Románico – Arte de la Alta Edad Media*. Madrid: Arte Universal, 2009.

CHIESI, Benedetta. *Românico*. Firenze: Escala, 2011.

CONVERSO, Claudia. *Milàn: Iglesias, Museos y Monumentos*. Milão: Edizione L.E.G.O.; Ediciones Kina Italia/Lego-Italy, 2012.

CRANDELL, Anne Shaver. *Coleção História da Arte da Universidade de Cambridge – A Idade Média*. São Paulo: Círculo do Livro, 1982.

DUBY, Georges. *História artística da Europa (tomo I)*. São Paulo: Paz e Terra, 2002.

DUBY, Georges. *História da vida privada, do Império Romano ao ano mil*. São Paulo: Companhia das Letras, 2010.

ECO, Umberto. *Arte e beleza na Estética Medieval*. Rio de Janeiro: Record, 2010.

ÉDITIONS ESTEL-BLOIS. *Carcassonne (Castillos Cátaros)*. Paris: Éditions Estel-Blois, 2011.

ÉDITIONS VALOIRE-ESTEL. *Carcassonne, la ciudad*. Paris: Éditions Valoire-Estel, 2011.

FRANCO, Hilário Júnior. *Idade Média – O nascimento do Ocidente*. São Paulo: Editora Brasiliense, 2010.

GIBSON, Clare. *Como compreender símbolos – Guia rápido sobre simbologia nas artes*. São Paulo: Senac, 2012.

GLANCEY, Jonathan. *A História da Arquitetura*. São Paulo: Edições Loyola, 2007.

GOITIA, Fernando Chueca. *História Geral da Arte – Arquitetura I*. Espanha: Ediciones del Prado, 1995.

GOMBRICH, E. H. *A História da Arte*. Rio de Janeiro: Guanabara Koogan S.A., 1993.

HAUSEN, Arnoud. *História social da Literatura e da Arte*. São Paulo: Mestre Jou, 1972.

LASSUS, Jean. *Cristandade Clássica e Bizantina*. São Paulo: Enciclopédia Britânica do Brasil Publicações LTDA., 1979.

LE GOFF, Jacques. *A Idade Média explicada aos meus filhos*. Rio de Janeiro: Agir, 2007.

LOPERA, Alvarez José; ANDRADE, José Manuel Pita. *História Geral da Arte – pintura I*. Espanha: Ediciones del Prado, 1995.

MACEDO, José Rivair. *A mulher na Idade Média*. São Paulo: Contexto, 1992.

MAGALHÃES, Roberto de Carvalho. *O grande livro da Arte*. Rio de Janeiro: Ediouro, 2005.

PRETTE, Maria Carla. *Para entender a Arte*. São Paulo: Editora Globo, 2009.

STRICKLAND, Carol. *Arte comentada*. Rio de Janeiro: Ediouro, 2004.

WALTHER, Ingo F. *Obras Maestras de la Iluminación*. Barcelona: Taschen GmbH, 2003.

REVISTAS:

A REDESCOBERTA da Idade Média. *Revista História Viva*. São Paulo: Duetto Editorial, nº 32, jun. 2006.

VIKINGOS en España. *Revista Historia de Iberia Vieja*. Madrid: Editorial America Iberica, nº 86, ago. 2012.

SITES PESQUISADOS:

Musée de Cluny. Disponível em: <www.musee-moyenage.fr>. Acesso em: 01/07/13.

Guédelon. Disponível em: <www.guedelon.fr>. Acesso em: 01/07/13.

Site officiel de la ville de Carcassonne. Disponível em: <www.carcassonne.org>. Acesso em: 01/07/13.